Janosch

Wondrak für alle Lebenslagen

Janosch
Wondrak für alle Lebenslagen

Mit einem Nachwort von
Tillmann Prüfer

Reclam

RECLAMS UNIVERSAL-BIBLIOTHEK Nr. 14176
2021 Philipp Reclam jun. Verlag GmbH,
Siemensstraße 32, 71254 Ditzingen

Text: Janosch in Zusammenarbeit mit Tillmann Prüfer, ZEITmagazin

Druck und Bindung: Eberl & Koesel GmbH & Co. KG,
Am Buchweg 1, 87452 Altusried-Krugzell
Umschlagillustration: Janosch
Printed in Germany 2021
RECLAM, UNIVERSAL-BIBLIOTHEK und
RECLAMS UNIVERSAL-BIBLIOTHEK sind eingetragene Marken
der Philipp Reclam jun. GmbH & Co. KG, Stuttgart
ISBN 978-3-15-014176-2
www.reclam.de

Inhalt

Herr Janosch,
wie lässt es sich gut leben?

Herr Janosch,
wozu brauchen wir denn
einen Wondrak?

»Damit er uns von oben Trost spendet.
Uns die Kraft gibt. Sonst kommen wir nicht durch.
Oder so.«

Herr Janosch,
wie startet man richtig in den Tag?

»Wie Wondrak: Erst einmal eine Weile ruhig auf der Bettkante sitzen. Dann die frische Luft tief einatmen, vier Mal reicht schon.«

Herr Janosch,
wie erntet man ein Lächeln?

»Wenn Wondrak Sehnsucht nach einem Lächeln hat, geht er auf die Straße und trägt eine Pappnase im Gesicht. Dann lächeln manche Leute.«

Herr Janosch, schwere Entscheidungen, wie trifft man die?

»Man schreibt die Alternativen tabellarisch auf einen Zettel. Anschließend legt man den Zettel nieder und wirft einen Löffel auf den Zettel. Dann geht man weg und lässt den Löffel das regeln. Sein Problem.«

Herr Janosch, was tut man gegen Langeweile?

»Wondrak geht in so einem Fall auf die Straße und zählt die Fußgänger. Bei 9000 hört er auf. Diese Zahl kann man sich leicht merken.«

Herr Janosch,
sollte man regelmäßig etwas malen?

»Auf jeden Fall. Es ist nämlich viel einfacher, als zu arbeiten, und man braucht keine spezielle Kleidung dafür. Außerdem kann man dabei sitzen.«

Herr Janosch,
wie geht man neue, große Dinge an?

»Dazu ist es erst einmal wichtig, sich richtig zu positionieren und die Welt aus einer anderen Perspektive zu betrachten. Also etwa im Liegen.«

Herr Janosch,
wie bekommt man gute Ideen?

»Wenn Wondrak einen Gedanken hat, schreibt
er ihn auf einen Zettel und pinnt ihn an die Wand.
Wenn er eine Idee braucht, liest er einen der Zettel.
Etwa: Wir sollten die Enten im Park füttern,
die sind hungrig.«

Herr Janosch,
wie wirkt man weise, obwohl man es überhaupt nicht ist?

»Man braucht nur einen Tisch, darauf legt man ein weißes Blatt Papier. Kommt ein Besucher, muss der sich denken: Wow!! Der hat alles im Kopf!«

Herr Janosch,
was macht man gegen
überstarke Sehnsucht?

»Bestenfalls begibt man sich auf direktem Weg zum Objekt der Begierde. Falls das nicht möglich ist, geht man zum Bahnhof und fährt nach Bad Oldesloe. Dort ist es auch sehr schön.«

Herr Janosch, wo bekommt man Geld her, wenn man keins hat?

»Man denkt an Gott, der sagte, dass den Armen das Himmelreich gehöre. Reicher als himmelreich geht nicht. Also lehnt man sich zurück und überlegt, was man mit dem Reichtum anzufangen gedenkt.«

Herr Janosch, wie wird man mit schlechten Träumen fertig?

»Wondrak bleibt so lange im Bett liegen, bis Luise kommt und ruft: ›Wir machen ein Picknick im Wald. Dort rette ich dein Leben.‹ Geht aber nur bei schönem Wetter.«

Herr Janosch,
was tun gegen Einsamkeit?

»Wondrak ist nie einsam. Und falls doch einmal, dann setzt er sich auf sein Bett und singt seiner Tigerente ›Alle meine Entchen‹ vor. Die Melodie dreht er am linken Vorderrad. Das quietscht nämlich.«

Herr Janosch,
mit wem soll man konkurrieren?

»Wondrak zum Beispiel konkurriert mit niemandem. Wozu denn konkurrieren? Mehr geht ja nicht als man selbst.«

Herr Janosch,
wie rudert man zurück?

»Wondrak jedenfalls setzt sich andersrum, als er zuvor saß und rückwärts schaute. Das Vorwärts von früher wird das neue Rückwärts. Wie im Leben halt auch.«

Herr Janosch,
wie sagt man am besten: »Mir reicht's?«

»Wondrak wendet sich ab und sagt:
›Ich koche mir jetzt eine Hühnersuppe.‹«

Herr Janosch,
wie kommt man durchs Leben?

»Man muss sehr viel denken. Wondrak setzt sich mit Spätburgunder ans Meer oder so. Und trinkt von dem Wein. Bis ihm einfällt, wie das so geht.«

Herr Janosch, wie verzeiht man?

»Nach einer längeren Pause spricht man zu der Person in etwa so: ›Nun verstehen wir uns wieder so gut wie zuvor, oder?‹ Das reicht schon.«

Herr Janosch, wie hält man das Glück fest?

»Es kommt auf das Glück an. Wondraks Glück ist ein kleiner Hund. Den muss er nicht festhalten. Eine Wurst genügt.«

Herr Janosch,
wie wird man ein ausgeglichener Mensch?

»Nichts haben, nichts wollen, nichts wissen, nichts denken. Am besten setzt man sich dafür unter einen Baum.«

Herr Janosch,
wie klappt es mit der Liebe?

Herr Janosch, wo findet man die Liebe?

»Im Radio. Wondrak hört täglich um 9.35 Uhr auf UKW 95,2 die ›Sendung für einsame Seelen‹. Pfarrer Windberg verkündet dort die Liebe Gottes für seine Kinder.«

Herr Janosch,
wie merkt man,
dass man jemanden liebt?

»Daran, dass wir uns auffällig unauffällig verhalten, wenn die betreffende Person neben einem steht. Zum Beispiel an der Haltestelle.«

Herr Janosch,
wie drückt man Liebe aus, die so groß ist,
dass man keine Worte dafür findet?

»Wenn es Wondrak so geht, setzt er sich neben das Radio, wartet, bis ein Liebeslied kommt, das genau treffend ist, ruft dann Luise herbei und sagt: ›Hör mal zu, das ist für dich!‹«

Herr Janosch,
wer trägt die Verantwortung?

»Wondrak trägt die Verantwortung. Und Luise trägt Wondrak. Ein Stückchen. Dann trägt Wondrak Luise, und Luise trägt die Verantwortung.«

Herr Janosch, wie verbringt man einen tollen Abend vor dem Fernseher?

»Man braucht vor allem jemanden, mit dem man zusammen Fernsehen schaut. Wenn man den genau Richtigen dazu hat, braucht man unter Umständen gar keinen Fernseher mehr.«

Herr Janosch, was macht man, wenn der Partner im Bett schnarcht?

»Mit ihm zusammen so lange sozusagen in einem Wettkampf schnarchen, bis er entweder selbst nicht mehr schlafen kann oder eben beide schnarchend schlafen.«

Herr Janosch,
welche Blumen soll man verschenken?

»Wichtig ist nicht, welche Blume man schenkt, sondern das ganze Drumherum. Wondrak etwa hat Luise eine sehr kleine Blume in einem sehr großen Topf geschenkt. Darin kann sie lange wachsen, das reicht für ein paar Jahre.«

Herr Janosch,
was macht man, wenn die Liebe weg ist?

»Man belässt es dabei. Sofern es nicht stört.«

Herr Janosch,
was tun, wenn man verlassen wird
vom Partner?

»Dann verhält man sich höflich,
wünscht das Beste und geht ein Stück in die
andere Richtung. Und guckt gar nicht erst hin.«

Herr Janosch,
wie bekommt man seine Tränen
wieder in den Griff?

»Gar nicht. Wer weint, muss sonst nichts anderes machen, das ist schön. Wondrak nimmt sich ein Bettlaken und weint, solange die Tränen reichen.«

Herr Janosch,
wie gewinnt man eine alte Liebe zurück?

»Wondrak rät zu Blumen. Man bewirft die Person so lange mit Blumen, bis die Liebe wiederkommt. Die Blumen sollten dafür nicht mehr im Pflanztopf sein.«

Herr Janosch,
wie erkennt man, dass man jemanden
wirklich liebt?

»Man kocht der Person ein Tellergericht.
Dann geht die Liebe flugs durch den Magen.
Und der Magen irrt sich bekanntlich nie.«

Herr Janosch,
was macht jung?

»Wondrak legt täglich mit Luise einen kolossalen Tango hin. Das macht jung. Der Arzt warnt vor Herzschlag. Aber junge Menschen lieben das Risiko.«

Herr Janosch,
was ist das Geheimnis der Liebe?

»Sag nie etwas Negatives, ganz egal, was passiert.«

Herr Janosch,
wie kommt man gut durchs Jahr?

Herr Janosch, was tun gegen Frühjahrsmüdigkeit?

»Wondrak kennt das Wort gar nicht. Luise schwingt ihn hinauf auf die Teppichklopfstange im Hof, wo er mit einem Klimmzug den Felgumschwung einleitet und dann tätigt. Also den Umschwung vollzieht.«

Herr Janosch,
was ist eine gute Verkleidung
zum Fasching?

»Wondrak geht immer als Wondrak,
und niemand erkennt ihn.«

Herr Janosch,
was ist besser: Krokusse oder
Schneeglöckchen?

»Schneeglöckchen. Denn die wachsen bei Luise
hinter ihrem Reihenhaus.«

Herr Janosch, woran merkt man, dass es Frühling wird?

»Die Hand aus dem Fenster halten. Wenn kein Schnee drauf fällt, ist ungefähr Frühling. Mit beiden Händen aus dem Fenster ist das Ergebnis noch sicherer.«

Herr Janosch, wie stellt man sich auf Aprilwetter ein?

»Wenn es allzu lange regnet – also Tage und Wochen und ewig –, steigt Wondrak in sein Kabeljaugewand und schwimmt nach Amerika. Wo er dann vorläufig bleibt. Außer natürlich, es regnet dort auch.«

Herr Janosch, Wetterfrösche, funktionieren die eigentlich noch?

»Aber ja. Wondrak hält sich seit Langem einen. Manchmal schiebt Wondrak den Frosch nach draußen. Wenn er nass wird, regnet es wahrscheinlich.«

Herr Janosch,
was hilft denn gegen Pollen-Allergie
im Frühjahr?

»Wondrak hilft sich, indem er sich einen Schleier über den Kopf legt. Sieht hübsch aus und hält wenigstens die ganz, ganz groben Pollen ab, an denen man sich vielleicht wehtun würde.«

Herr Janosch,
wie kommt man am besten in den Urlaub?

»Wondrak fliegt selbst. Das ist günstig und ganz einfach: die Schultern hochziehen, mit den Augen flimmern, mit den Händen flattern. Das Fenster muss man VORHER öffnen. Klar.«

Herr Janosch,
welches Buch liest man im Sommer?

»Am besten eins, das man selbst geschrieben hat. Wondrak liest immer nur ein Buch, es handelt von einer Grille, die Geige spielt. Er liest es immer und erst recht und auch im Urlaub. Weil es so glücklich macht.«

Herr Janosch, soll ein Mann kurze Hosen tragen im Sommer?

»Nein, kurze Hosen sind immer zu groß oder zu klein. Wondrak trägt lieber einen Schottenrock. Der passt immer – soweit man die Beine dafür hat, klar.«

Herr Janosch,
was ist ein wirksamer Mückenschutz?

»Ausweichen – wie Wondrak. Mücken fliegen nur bis 1500 Meter Höhe. Auf dem Gipfel eines hohen Berges kann einem nichts passieren. Man ist dann auch nicht den Mücken im Weg, wenn sie so fliegen.«

Herr Janosch,
wie verbringen wir die letzten Sommertage?

»Herr Wondrak liegt allein am Strand, fast ganz bedeckt mit etwas Sand, und denkt begehrlich an Luise. Die liegt woanders auf der Wiese.«

Herr Janosch,
färbt der Herbst wirklich die Blätter?

»Der Herbst färbt ALLES braungelbgrau und beige
und verschmiertverkleckert, auch verschmuddelt.
Das ist gemütlich und mental hilfreich,
zum Beispiel bei Liebesschmerz.«

Herr Janosch,
wie begehen wir den Herbst?

»Wondrak etwa fertigt sich einen Drachen aus Papier und begibt sich mit dessen Hilfe in die Luft. ›Sehr hoch‹, könnten wir sagen! Will nach Kopenhagen oder so. Seine Absicht ist, sich bald wieder zu melden.«

Herr Janosch, den goldenen Oktober – gibt es den noch?

»Oh ja. Wondrak geht als ein Dichter in den Stadtpark. Und setzt sich still auf eine Bank. Und das pure Gold der Blätter rieselt auf ihn und die Welt. Wie schön das ist, oh!«

Herr Janosch, was macht man eigentlich mit Kastanien?

»Wondrak tauscht sie gegen Briefmarken.
Er muss dafür nur jemanden finden,
der sich Kastanien wünscht und Briefmarken
haufenweise besitzt.«

Herr Janosch, was tut man gegen den Trübsinn im November?

»Gar nichts. Wenn der Trübsinn kommt, umarmt man ihn wie einen Bruder. So macht es Wondrak. Im November fühlt er sich manchmal allein. Wenn der Trübsinn bei ihm ist, geht es ihm besser.«

Herr Janosch, was machen wir mit dem ersten Schnee?

»Gar nix machen Sie damit. Wondrak braucht gerade alles für sich, um damit einen Schneemann zu bauen, dreimal größer, als Leonardo den David gemacht hat. Danach können Sie ihn gerne haben, den Schnee.«

Herr Janosch, wo verbringt man am besten den Winter?

»Wondrak fährt nach Rimini. Im Wohnzimmer. Er baut sein Riminizelt auf, heizt auf italienische 24 Grad hoch. Luise kocht Spaghetti mit ›Tunke bolognesi‹ von Maggi. Schmeckt nicht so schlecht, wie man denkt.«

Herr Janosch, gibt es eine Alternative zum allwinterlichen Glühwein?

»Ein Fußbad aus Fichtennadeltee. Man kann den Fichtennadeltee auch trinken. Wenn man dann noch eine Wärmelampe und ein Heizkissen hat, ist alles gut. Am besten passt dazu ein Fußbad aus Glühwein.«

Herr Janosch, gibt es den Weihnachtsmann?

»Aber ja, es gibt ihn! Er wohnt unter dem unverdächtigen Namen Franz Witulski in einem Dorf. An Weihnachten verteilt er in den Straßen kleine Geschenke. Er trägt aus Gründen der Tarnung keinen Bart.«

Herr Janosch, wie lässt man es an Silvester so richtig krachen?

»Wondrak hat einen mittelschweren Hammer (Gewichtsklasse 3, 250 Gramm) und eine kleine Knallerbse – und zack!«

Herr Janosch, wie begrüßt man das neue Jahr?

»Wie Wondrak: Er feiert mit Luise, bis die Bude zusammenbricht! Sie spielt auf dem Radio einen Csárdás, Wondrak tanzt einen feurigen Zigeunerwalzertanz (und ist froh, dass es wieder mal Luises Bude ist).«

Herr Janosch,
wie geht man die kleinen Probleme
des Alltags an?

Herr Janosch,
was macht man mit Spinnen im Haus?

»Man jagt sie nicht fort, sondern lässt ihnen freien Lauf, das macht sie zutraulich. Und wenn sie zum Beispiel auf dem Tisch sitzen, füttert man sie großzügig, als wären sie Gäste.«

Herr Janosch, wie macht man sich so richtig schick?

»1.: Zu jeglicher Gelegenheit: unauffällig braunschwarz. 2.: Für eine Einladung zum Geburtstag: Seppelhut mit Janker. 3.: Zur Scheidung ist ein eleganter Frack angebracht. 4.: Meistens aber gestreift gelb-schwarz.«

Herr Janosch,
gibt es eine sichere Methode,
Fußballergebnisse zu tippen?

»Man schaut sich die Übertragung im Fernsehen an und tippt kurz nach Spielende. Dann hat man einen guten Eindruck von der Stärke der Mannschaften.«

Herr Janosch,
wann soll man aufstehen?

»Man steht am besten auf, wenn die Hühner Hunger bekommen. Wenn man Hühner hat. Wondrak hat Hühner.«

Herr Janosch,
was hilft gegen nächtliches Zähneknirschen?

»Man nimmt einfach das künstliche Gebiss heraus und legt es auf den Tisch. Wenn man kein künstliches Gebiss hat, kann man sich zuvor eines beim Zahnarzt besorgen.«

Herr Janosch,
was macht man, wenn man zu viel Arbeit hat?

»Wondrak rät, für immer von dort wegzugehen,
wo die Arbeit sich stapelt.«

Herr Janosch, was macht man gegen Stress?

»Wondrak läuft einige Runden ums Haus herum,
so lange, bis er vergessen hat, was ihn eigentlich so stresst.
Wenn das nicht hilft, hilft Schokolade.«

Herr Janosch,
wie motiviert man sich zur Arbeit?

»Wondrak nimmt die Macht des Schicksals zu Hilfe: Er würfelt. Wenn es eine Eins gibt, muss er nicht anfangen zu arbeiten. Manchmal dauert es Stunden, bis er eine Eins würfelt.«

Herr Janosch,
wie soll man mit bösen Kollegen umgehen?

»Wondrak schickt sie einfach auf den Mond.«

Herr Janosch, was ist eigentlich dieses Internet?

»Ein Apparat mit Tasten, welche man benutzen kann. Wenn man das kann, dann ist man drin in dem Internet. Und zwar Tag und Nacht. Man kommt da gar nicht mehr raus.«

Herr Janosch,
was wäre eigentlich gewesen, hätten Tiger
und Bär Smartphones gehabt?

»Sie hätten Panama einfach gegoogelt und wären
im Übrigen am Tisch sitzen geblieben.«

Herr Janosch,
was tun bei Führerscheinentzug?

»Wondrak hat kein Auto und keinen Führerschein. Weil er es eilig hat. Er geht gemessenen Schrittes an den vor der Ampel wartenden Autos vorbei und kommt dann eine Stunde früher an.«

Herr Janosch, wie macht man auf dem Fahrrad eine gute Figur?

»Wondrak schafft das, indem er stets eine betont entspannte Haltung einnimmt. Man kann dabei etwa eine Hand locker herunterhängen lassen.«

Herr Janosch,
wozu braucht man einen Fahrradhelm?

»Er schützt gegen Steinschlag und sieht irre gut aus.
Man braucht nicht einmal ein Fahrrad dazu.
Nachts liegt er neben dem Bett.«

Herr Janosch, welchen Rat soll man Kindern geben?

»Am besten keinen. Denn Kinder befolgen keine Ratschläge!«

Herr Janosch,
soll man stilles Mineralwasser bevorzugen?

»Kommt darauf an, ob man Gesellschaft hat. Wenn man alleine trinkt, kann das Schweigen des Wassers unerträglich sein.«

Herr Janosch,
wozu brauchen wir Yoga?

»Sie stellen sich auf einen Hügel, Augen geschlossen, Arme nach Osten, im Kopf die Leere. Und ZACK kommt das große Begreifen. Dafür brauchen wir Yoga.«

Herr Janosch,
ist Angeln eigentlich noch zeitgemäß?

»Aber ja doch! Denn wie gut sieht es doch aus, wenn einer am Wasser steht und angelt! Hauptsache, es ist kein Haken an der Leine, schließlich könnte sich daran ein Fisch verletzen.«

Herr Janosch,
soll man 10 000 Schritte am Tag gehen?

»Wenn man nicht zu schreiten weiß, helfen auch 100 000 Schritte nichts. Wondrak hingegen setzt vollendet einen Fuß vor den anderen. Deswegen reicht bei ihm ein Schritt am Tag. Ein toller Schritt wohlgemerkt.«

Herr Janosch,
was ist ein guter Weg abzunehmen?

»Ein gutes Rezept ist, nur die Hälfte zu essen. Wondrak kauft sich eine doppelte Portion Käse und isst nur die Hälfte. Und sehen Sie, wie schlank er ist!«

Herr Janosch, was macht man gegen Husten?

»Wondrak legt sich sofort ins Bett. Und wartet, bis jemand ruft: ›Wondrak – um Himmels willen!‹, und sich neben ihn legt. Dann erst überlegt er sich, gesund zu werden.«

Herr Janosch,
wie kann man den Alltag etwas bunter
und auch aufregender gestalten?

»Wondrak bringt mehr Farbe ins Leben, indem er einfach die Häuser der Nachbarschaft bunt anmalt. Es dauert dann auch nicht lange, und zack! – regen sich alle auf.«

Herr Janosch,
und wie steht es mit den
großen Fragen des Lebens?

Herr Janosch,
wie lösen wir all die Weltprobleme?

»Vermutlich ist es einfacher, die Welt neu zu erschaffen. Wondrak hat sich den Hammer gegriffen und begonnen, das Universum neu zu schmieden. Viel Arbeit, aber einer muss ja mal damit anfangen.«

Herr Janosch, soll man Träumer oder Realist sein?

»Wondrak ist glühender Realist: Man setzt sich real auf einen Stuhl – das funktioniert. Träumt man sich nach Hawaii oder China – das funktioniert nicht.«

Herr Janosch,
wie bettet man sich eigentlich auf Wolken?

»Wondrak schafft das mit einem Trick: Er passt sich im Liegen ganz genau der Wolkenform an. Die Wolke bleibt derweil so, wie sie ist.«

Herr Janosch,
wann ist es Zeit, erwachsen zu werden?

»Spätestens wenn das Kinderbett zu klein wird.«

Herr Janosch, was ist Heimat?

»Die Heimat ist der Ort, wo das Herz auf ewig wohnt, egal, ob es dort stinkt.«

Herr Janosch,
was ist eigentlich Identität?

»Wenn man in einer gestreiften Hose vor dem Spiegel steht und der Meinung ist, dass die Person im Spiegel dieselbe ist wie die eigene, hat man das mit der Identität gut verstanden.«

Herr Janosch,
was ist Mut?

»Wenn Luise im Bett liegt und sagt: ›Wondrak, bring mir das Frühstück!‹ Und Wondrak sagt: ›Auf keinen Fall!‹ Das ist Mut.«

Herr Janosch,
was ist besser, Kaffee oder Tee?

»Tee ist gut für das Denken. Aus dem Denken entstanden die entscheidenden Irrtümer der Menschheit. Also Kaffee.«

Herr Janosch, welches Haustier soll man sich anschaffen?

»Ein Pferd. Zum einen verbreitet es eine gemütliche Stimmung. Und falls man mal schnell verschwinden muss, ist man damit flugs auf und davon.«

Herr Janosch,
sind Katzen wirklich so süß,
wie das Internet meint?

»Aber sicher. Wondraks Katze zum Beispiel ist so niedlich, dass sie dafür das ganze Bett benötigt. Er selbst schläft auf dem Kissen. Das braucht sie nicht.«

Herr Janosch,
wie findet man das Paradies?

»Wondrak findet das Paradies ganz einfach.
Auf dem Sofa mit zwei Kissen.
Und Luise singt dazu.«

Herr Janosch,
warum gibt es eigentlich Schwerkraft?

»Vorher flog alles in der Gegend herum.
Ein heilloses Durcheinander. Also hat der Schöpfer gedacht, er müsse sich etwas einfallen lassen.
Und seitdem ist es doch ganz okay, oder?«

Herr Janosch, wie viel Geld braucht man für das Glück?

»Genau sieben Millionen in einem Sack in Scheinen. Man kann ihn sich dann unter den Kopf legen wie ein Kissen. Das ist sehr gemütlich. Außerdem ist die Sieben ja eine Glückszahl.«

Herr Janosch,
was brauchen wir, um all die Grenzen
zu überwinden, die uns trennen?

»Vor allem Flügel.«

Herr Janosch, worum geht es im Leben eigentlich?

»Wondrak weiß das: Im Leben geht es vor allem darum, dass man bei Windstärke eins nicht gleich umfällt. Um viel mehr geht es nicht.«

Herr Janosch,
gibt es Wiedergeburt?

»Ja. Aber es sollte schon einen guten Grund geben. Wondrak wird stets als Wondrak wiedergeboren. Jedes Mal ein bisschen besser. Das nächste Mal mit langem Haar.«

Herr Janosch,
was wäre ein großer Wunsch?

»Wondrak hat einen: Einmal der große Sieger sein. Auf seiner Ente die ganze Welt besiegen. Und dann ganz lange schlafen. Zum Beispiel bis 9 Uhr.«

Herr Janosch,
was schenkt Wondrak Ihnen zum Geburtstag?

»Eine wunderschöne Wachsblume. Sie hält sich jetzt schon seit fünf Geburtstagen und ist immer noch frisch.«

Herr Janosch, wie wird man unsterblich?

»Unsterblichkeit gibt es nur in der Bibel. Jedoch kann man wie Goethe durch das Schreiben ein bisschen unsterblich werden. Das ist aber nur Gefasel. Am Ende sterben sie alle.«

Nachwort

Als Janosch im Dezember 2019 die letzte Wondrak-Kolumne im *ZEITmagazin* veröffentlichte, verkündete er, dass er von jetzt an nichts mehr publizieren werde. Da war Janosch 88 Jahre alt. Die über 350 Wondrak-Zeichnungen, die bis dahin gedruckt worden waren, kann man also als Abschluss seines Lebenswerkes sehen. Ein Lebenswerk, dessen Größe gar nicht so genau bekannt ist. Seinen eigenen Angaben nach hat er mehr als 300 Bücher illustriert, seine Geschichten wurden in 40 Sprachen übersetzt.

Wie stark ein solches Werk ist, bemisst sich häufig daran, ob man es sich immer wieder vornehmen, von neuen Seiten beleuchten und ungekannte Aspekte entdecken kann. Das ist mit den Büchern von Janosch bislang kaum geschehen. In der Literaturwissenschaft wurde sich nur wenig mit Janosch auseinandergesetzt. Vielleicht, weil man in Deutschland noch immer Schwierigkeiten hat, Bildergeschichten als Literatur anzuerkennen (was schon Wilhelm Busch erdulden musste). Vielleicht, weil man meint, Janosch sei ein Kinderbuch-Autor. Wohl aber, weil Menschen intuitiv davon ausgehen, ihre eigene, oft kindlich geprägte Beziehung zu Janosch sei die allgemeingültige.

Dabei sind die wenigsten Bücher von Janosch echte Kinderbücher. Immer gibt es in ihnen auch eine andere Ebene zu entdecken, eine, die in die Seele eines Autors blicken lässt, der Dinge erlebt hat, die kein Kind erleben sollte. Da ist etwa die Geschichte *Herr Wuzzel und sein Karussell*, die 1968 erschien: Ein Mann mit einem Fahrgeschäft kommt in ein Dorf, lässt die Kinder durch seine Zauberbrille blicken und dann auf die Tiere in seinem Karussell steigen. Die kleinen Passagiere erleben die wildesten Sachen: Dschungelsafaris, Autorennen und Ozeanüberflüge. Aber es sind auch lauter Dinge zu entdecken, die in einem Kinderbuch scheinbar gar nichts verloren haben, wie etwa jämmerlich ertrinkende Piraten im Ozean und ein Dschungeltiger mit gefährlichen Zähnen. Selbst die einfachste Erzählung hat bei Janosch etwas Unberechenbares – und das ist es, was Kinder an seinen Geschichten fasziniert. In Details, die die Erwachsenen gerne übersehen, teilt er ihnen mit: Obacht, es gibt noch mehr auf der Welt als bunte Blumen.

Je mehr man sich mit Janosch beschäftigt, desto deutlicher wird: Es geht nicht nur um niedliche Tiger, Bären und Enten. Bei Janosch geht es oft um die großen Fragen. Welche Rettung gibt es in der Liebe? Was hält die Menschheit zusammen? Warum sollen wir leben? Er weiß: Leben ist keine Leichtigkeit. Leben ist anstrengend und tut weh. Man braucht einen guten Grund, um zu leben. Das gilt insbesondere für das Leben, das Janosch geführt hat.

Geboren 1931 als Horst Eckert im heutigen polnischen Zabrze (Oberschlesien), wuchs er in sehr einfachen Verhältnissen auf. Zu Hause gab es weder fließend Wasser noch Strom. Eine Kindheit im Nationalsozialismus und Krieg. Zwischen Alkohol, Gewalt und Katholizismus. Er machte mit 13 Jahren eine Ausbildung zum Schmied und arbeitete in einer Schlosserei. Später siedelte die Familie Richtung Westen um. Als junger Mann verdingte er sich in einer Wäscherei und als Nachtwächter. Es war ein ewiges Sichdurchschlagen. Sein künstlerisches Talent versuchte er in einem Studium der Malerei einzubringen. Doch er flog von der Universität – wegen angeblicher mangelnder Begabung. Seine ersten Versuche als freier Künstler waren fruchtlos. Erst seine Bekanntschaft mit dem Verleger Georg Lentz brachte Horst Eckert Glück. Er legte sich den Künstlernamen Janosch zu und veröffentlichte 1960 sein erstes illustriertes Buch, *Die Geschichte von Valek dem Pferd.* Es war kein Erfolg, genau wie die Bücher der folgenden Jahre, die nur ein eher kleines Publikum fanden. Doch dann kam *Oh, wie schön ist Panama* und damit 1978 der Durchbruch. Auf dem Weg dahin hatte Janosch genug gelitten, um zu wissen, dass es auf die großen Fragen des Lebens keine einfachen Antworten gibt. Etliche Bücher schrieb er betrunken. Lange Zeit trank er jeden Tag.

Janoschs Helden wohnt immer eine Melancholie inne. Bei ihm wird selten laut gelacht und eigentlich nie auf den Putz gehauen. Die höchste Äußerung von Spaß ist ein bisschen Budenzauber mit Musik und Tanz. In seiner Welt gibt es nichts Grelles und nichts Spektakuläres. Passend zu den bewegten 60er und 70er Jahren wurde ihm immer wieder nachgesagt, er sei ein anarchistischer Autor. Doch man fragt sich, welche seiner Figuren eigentlich Anarchisten sein sollen. Abgesehen von einigen späteren Charakteren wie dem ökologisch bewussten Emil Grünbär, engagiert sich keine Janosch-Figur politisch. Niemand kämpft für eine bessere Welt oder nimmt auch nur sein Leben selbst in die Hand. In Wirklichkeit sind die Helden seiner Geschichten auf der Suche nach einem kleinen Glück. Es ist schließlich schon schwierig genug, mit dem eigenen Schicksal zurechtzukommen. Das Happy End von Janoschs Geschichten liegt nie in einer besseren Welt, sondern darin, zu lernen, sich mit dem, was man vorfindet, gut zu arrangieren.

Wie Janosch die Welt sieht, kommt vielleicht in einer seiner berühmtesten Schöpfungen, der Tigerente, am besten zum Ausdruck. So hat er einmal (in einer TV-Dokumentation über ihn) erzählt: Die Tigerente ist ihrem Schicksal komplett ausgeliefert. Wenn sie umgestoßen wird, fällt sie um und muss warten, bis sie wieder aufgerichtet wird. Sie ist machtlos – so machtlos, wie sich der kleine Horst Eckert in Zabrze vor dem strafenden Gott gefühlt hat.

Die Botschaft von Janosch ist aber: Man muss sich von der eigenen Machtlosigkeit nicht unterkriegen lassen. Man kann in eine andere Welt fliehen, nämlich in die der Phantasie. In dieser Welt kann man fliegen und überall hinreisen, wohin man möchte. In dieser Welt ist man stark wie ein Bär und mutig wie ein Tiger. In dieser Welt braucht niemand etwas, weil alle genug haben. Es ist die Welt, die Kinder in ihren Köpfen haben – und von der Kinder wissen, dass sie nicht weniger real ist als die materielle Welt. Später wird dieses Wunderland blasser und konturloser – und schließlich verschwindet es. Janoschs größte Leistung ist, dass er diese Welt nie aufgegeben und bis zuletzt festgehalten hat. Dass er, der als Kind nie Kind sein konnte, später die Kindheit auf sein ganzes Leben ausgedehnt hat.

Von 2013 bis 2019 zeichnete Janosch wöchentlich die Wondrak-Kolumne im *ZEITmagazin*. Zuvor hatte er mehr als zehn Jahre lang nichts veröffentlicht. Wondrak trägt fast immer einen getigerten Einteiler und ist – so von Janosch vorgestellt – von Beruf »Held«. Freilich keiner, der irgendetwas Heldenhaftes anstellt. Wondrak rettet niemanden, und besiegen will er eigentlich auch niemanden. Gleichwohl ist er immer der Sieger. Und die Dinge gelingen ihm umso besser, je weniger er sie richtig machen möchte. Die Mädels umschwärmen ihn, und weil er jede haben könnte, braucht er eigentlich keine (außer seine Luise natürlich). Er besitzt keinen Cent, aber trotzdem ist er reich. Und er hat für alle Probleme die richtige Lösung – obwohl er nie versucht, ein Problem wirklich aus der Welt zu schaffen.

Was macht Wondrak nur so attraktiv? Vielleicht, dass wir mit ihm jemanden vor uns haben, der nichts erreichen möchte. Der nicht vorankommen will. Der keine Visionen verfolgt, weil er schon in seinem eigenen Traum lebt. Wondrak hat Groll auf niemanden und Trost für alle.

Der Trost der Wondrak-Zeichnungen ist in der Erkenntnis zu finden, dass so etwas wie Weisheit wirklich existiert. Und nicht nur eine Weisheit, sondern viele Weisheiten. In Wondraks Welt gibt es nicht mehr die Brutalität aus den frühen Büchern von Janosch. Es gibt kein Ringen und kein Bangen, dafür aber hundert Möglichkeiten, das Beste aus dem Moment zu machen. Janosch hat einmal gesagt, für so einfache Weisheiten brauche es mindestens 50 Jahre Unwissen.

Wondrak ist nicht Janosch – aber er ist in gewisser Weise sein Alter Ego, vielleicht die bessere Version des realen Janosch. Geschichten wie jene über Wondrak kann nur jemand schreiben, der ein ganzes Leben gelebt hat. Und am Abend eines langen Lebens andere Gewissheiten hat als zu Anfang. Es ist eine schöne Gegenthese zur Jugendverliebtheit unserer Zeit. Heute wird oft wie selbstverständlich angenommen, dass nur die Jungen wüssten, wie die Dinge liegen, und man mit zunehmendem Alter immer verbohrter, selbstsüchtiger und dümmer werde. Diese Angst ist in der Gesellschaft heute so stark, dass viele Menschen leugnen, dass sie tatsächlich älter werden. Stattdessen machen sie sich möglichst alles zu eigen, von dem sie meinen, dass es die Jungen sagen. Janosch zeigt uns, was den Menschen dadurch entgeht. Er selbst hat sich nie dafür interessiert, was irgendjemand anderes über die Welt gesagt hat. Er hat sich lieber seine eigenen Gedanken gemacht.

Als Janosch seine Wondrak-Kolumne zeichnete, lebte er schon seit Jahrzehnten beschaulich und zufrieden in seiner Finca auf Teneriffa. Ein Leben »in der Hängematte«, wie er es nannte. Seine Dämonen hatte er da schon lange hinter sich gelassen. Er war durch seinen Erfolg reich geworden, hatte aufgrund schlechter Beratung viel davon wieder verloren. Doch im Alter hatte sich alles gefügt – genau richtig, um auf der Veranda zu sitzen und in die Sonne zu blinzeln.

Was wir von Janoschs Wondrak lernen können, ist, dass es sich lohnt, alt zu werden – und zwar mit allem, was dazu gehört. Es lohnt sich, Dinge loszulassen und Neues zu erfahren. Es lohnt sich, dieses ganze Leben zu leben, denn das Beste kommt noch.

Dass uns Wondrak das nahegebracht hat, ist eine echte Heldentat.

Tillmann Prüfer

Zu dieser Ausgabe

Der Erstdruck der Texte im *ZEITmagazin* geschah in nachstehender Reihenfolge:

58 Herr Janosch, wie verbringen wir die letzten Sommertage?: Ausg. 35/2013.

60 Herr Janosch, wie begehen wir den Herbst?: Ausg. 40/2013.

69 Herr Janosch, wie begrüßt man das neue Jahr?: Ausg. 1/2014.

65 Herr Janosch, wo verbringt man am besten den Winter?: Ausg. 4/2014.

64 Herr Janosch, was machen wir mit dem ersten Schnee?: Ausg. 6/2014.

97 Herr Janosch, wie lösen wir all die Weltprobleme?: Ausg. 8/2014.

113 Herr Janosch, was wäre ein großer Wunsch?: Ausg. 14/2014.

47 Herr Janosch, was tun gegen Frühjahrsmüdigkeit?: Ausg. 15/2014.

51 Herr Janosch, wie stellt man sich auf Aprilwetter ein?: Ausg. 18/2014.

21 Herr Janosch, was tun gegen Einsamkeit?: Ausg. 22/2014.

34 Herr Janosch, wer trägt die Verantwortung?: Ausg. 23/2014.

84 Herr Janosch, was tun bei Führerscheinentzug?: Ausg. 25/2014.

54 Herr Janosch, wie kommt man am besten in den Urlaub?: Ausg. 31/2014.

55 Herr Janosch, welches Buch liest man im Sommer?: Ausg. 32/2014.

16 Herr Janosch, wie bekommt man gute Ideen?: Ausg. 44/2014.

63 Herr Janosch, was tut man gegen den Trübsinn im November?: Ausg. 46/2014.

9 Herr Janosch, wozu brauchen wir denn einen Wondrak?: Ausg. 47/2014.

20 Herr Janosch, wie wird man mit schlechten Träumen fertig?: Ausg. 48/2014.

66 Herr Janosch, gibt es eine Alternative zum allwinterlichen Glühwein?: Ausg. 52/2014.

67 Herr Janosch, gibt es den Weihnachtsmann?: Ausg. 53/2014.

35 Herr Janosch, wie verbringt man einen tollen Abend vor dem Fernseher?: Ausg. 17/2015.

39 Herr Janosch, was tun, wenn man verlassen wird vom Partner?: Ausg. 19/2015.

110 Herr Janosch, was brauchen wir, um all die Grenzen zu überwinden, die uns trennen?: Ausg. 22/2015.

106 Herr Janosch, sind Katzen wirklich so süß, wie das Internet meint?: Ausg. 26/2015.

83 Herr Janosch, was wäre eigentlich gewesen, hätten Tiger und Bär Smartphones gehabt?: Ausg. 28/2015.

52 Herr Janosch, Wetterfrösche, funktionieren die eigentlich noch?: Ausg. 30/2015.

12 Herr Janosch, schwere Entscheidungen, wie trifft man die?: Ausg. 34/2015.

80 Herr Janosch, wie motiviert man sich zur Arbeit?: Ausg. 35/2015.

19 Herr Janosch, wo bekommt man Geld her, wenn man keins hat?: Ausg. 37/2015.

82 Herr Janosch, was ist eigentlich dieses Internet?: Ausg. 39/2015.

59 Herr Janosch, färbt der Herbst wirklich die Blätter?: Ausg. 40/2015.

18 Herr Janosch, was macht man gegen überstarke Sehnsucht?: Ausg. 46/2015.

93 Herr Janosch, was macht man gegen Husten?: Ausg. 47/2015.

68 Herr Janosch, wie lässt man es an Silvester so richtig krachen?: Ausg. 1/2016.

25 Herr Janosch, wie kommt man durchs Leben?: Ausg. 6/2016.

104 Herr Janosch, was ist besser, Kaffee oder Tee?: Ausg. 7/2016.

105 Herr Janosch, welches Haustier soll man sich anschaffen?: Ausg. 10/2016.

114 Herr Janosch, was schenkt Wondrak Ihnen zum Geburtstag?: Ausg. 11/2016.

50 Herr Janosch, woran merkt man, dass es Frühling wird?: Ausg. 12/2016.

53 Herr Janosch, was hilft denn gegen Pollen-Allergie im Frühjahr?: Ausg. 15/2016.

91 Herr Janosch, soll man 10 000 Schritte am Tag gehen?: Ausg. 20/2016.

37 Herr Janosch, welche Blumen soll man verschenken?: Ausg. 21/2016.

57 Herr Janosch, was ist ein wirksamer Mückenschutz?: Ausg. 23/2016.

75 Herr Janosch, gibt es eine sichere Methode, Fußballergebnisse zu tippen?: Ausg. 27/2016.

86 Herr Janosch, wozu braucht man einen Fahrradhelm?: Ausg. 30/2016.

56 Herr Janosch, soll ein Mann kurze Hosen tragen im Sommer?: Ausg. 32/2016.

90 Herr Janosch, ist Angeln eigentlich noch zeitgemäß?: Ausg. 33/2016.

61 Herr Janosch, den goldenen Oktober – gibt es den noch?: Ausg. 42/2016.

109 Herr Janosch, wie viel Geld braucht man für das Glück?: Ausg. 43/2016.

33 Herr Janosch, wie drückt man Liebe aus, die so groß ist, dass man keine Worte dafür findet?: Ausg. 2/2017.

74 Herr Janosch, wie macht man sich so richtig schick?: Ausg. 5/2017.

89 Herr Janosch, wozu brauchen wir Yoga?: Ausg. 7/2017.

49 Herr Janosch, was ist besser: Krokusse oder Schneeglöckchen?: Ausg. 8/2017.

14 Herr Janosch, sollte man regelmäßig etwas malen?: Ausg. 10/2017.

17 Herr Janosch, wie wirkt man weise, obwohl man es überhaupt nicht ist?: Ausg. 15/2017.

43 Herr Janosch, was macht jung?: Ausg. 17/2017.

85 Herr Janosch, wie macht man auf dem Fahrrad eine gute Figur?: Ausg. 18/2017.

88 Herr Janosch, soll man stilles Mineralwasser bevorzugen?: Ausg. 22/2017.

15 Herr Janosch, wie geht man neue, große Dinge an?: Ausg. 24/2017.

13 Herr Janosch, was tut man gegen Langeweile?: Ausg. 27/2017.

108 Herr Janosch, warum gibt es eigentlich Schwerkraft?: Ausg. 35/2017.

92 Herr Janosch, was ist ein guter Weg abzunehmen?: Ausg. 38/2017.

77 Herr Janosch, was hilft gegen nächtliches Zähneknirschen?: Ausg. 39/2017.

115 Herr Janosch, wie wird man unsterblich?: Ausg. 40/2017.

99 Herr Janosch, wie bettet man sich eigentlich auf Wolken?: Ausg. 42/2017.

23 Herr Janosch, wie rudert man zurück?: Ausg. 46/2017.

112 Herr Janosch, gibt es Wiedergeburt?: Ausg. 3/2018.

32 Herr Janosch, wie merkt man, dass man jemanden liebt?: Ausg. 11/2018.

41 Herr Janosch, wie bekommt man eine alte Liebe zurück?: Ausg. 15/2018.

27 Herr Janosch, wie hält man das Glück fest?: Ausg. 18/2018.

38 Herr Janosch, was macht man, wenn die Liebe weg ist?: Ausg. 19/2018.

31 Herr Janosch, wo findet man die Liebe?: Ausg. 29/2018.

10 Herr Janosch, wie startet man richtig in den Tag?: Ausg. 30/2018.

87 Herr Janosch, welchen Rat soll man Kindern geben?: Ausg. 34/2018.

11 Herr Janosch, wie erntet man ein Lächeln?: Ausg. 38/2018.

62 Herr Janosch, was macht man eigentlich mit Kastanien?: Ausg. 42/2018.

103 Herr Janosch, was ist Mut?: Ausg. 43/2018.

42 Herr Janosch, wie erkennt man, dass man jemanden wirklich liebt?: Ausg. 46/2018.
79 Herr Janosch, was macht man gegen Stress?: Ausg. 47/2018.
22 Herr Janosch, mit wem soll man konkurrieren?: Ausg. 48/2018.
44 Herr Janosch, was ist das Geheimnis der Liebe?: Ausg. 5/2019.
48 Herr Janosch, was ist eine gute Verkleidung zum Fasching?: Ausg. 9/2019.
98 Herr Janosch, soll man Träumer oder Realist sein?: Ausg. 10/2019.
76 Herr Janosch, wann soll man aufstehen?: Ausg. 11/2019.
100 Herr Janosch, wann ist es Zeit, erwachsen zu werden?: Ausg. 13/2019.
26 Herr Janosch, wie verzeiht man?: Ausg. 14/2019.
101 Herr Janosch, was ist Heimat?: Ausg. 15/2019.
28 Herr Janosch, wie wird man ein ausgeglichener Mensch?: Ausg. 19/2019.
40 Herr Janosch, wie bekommt man seine Tränen wieder in den Griff?: Ausg. 23/2019.
102 Herr Janosch, was ist eigentlich Identität?: Ausg. 26/2019.
81 Herr Janosch, wie soll man mit bösen Kollegen umgehen?: Ausg. 27/2019.
94 Herr Janosch, wie kann man den Alltag etwas bunter und auch aufregender gestalten?: Ausg. 28/2019.
111 Herr Janosch, worum geht es im Leben eigentlich?: Ausg. 38/2019.
36 Herr Janosch, was macht man, wenn der Partner im Bett schnarcht?: Ausg. 39/2019.
107 Herr Janosch, wie findet man das Paradies?: Ausg. 40/2019.
78 Herr Janosch, was macht man, wenn man zu viel Arbeit hat?: Ausg. 42/2019.
73 Herr Janosch, was macht man mit Spinnen im Haus?: Ausg. 43/2019.
24 Herr Janosch, wie sagt man am besten: »Mir reicht's?«: Ausg. 44/2019.